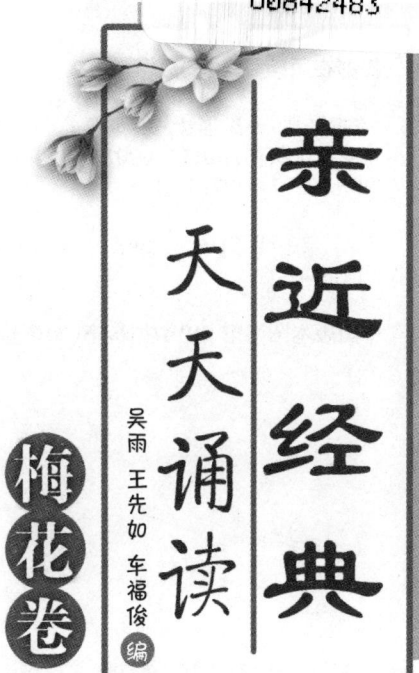

亲近经典
天天诵读

吴雨 王先如 车福俊 编

梅花卷

时代出版传媒股份有限公司
安徽少年儿童出版社

图书在版编目(CIP)数据

亲近经典·天天诵读·梅花卷/吴雨,王先如,车福俊编.—合肥:安徽少年儿童出版社,2017.7(2022.1重印)
ISBN 978-7-5397-9021-3

Ⅰ.①亲… Ⅱ.①吴… ②王… ③车… Ⅲ.①阅读课–小学–课外读物 Ⅳ.①G624.233

中国版本图书馆 CIP 数据核字(2016)第 155441 号

QINJIN JINGDIAN TIANTIAN SONGDU MEIHUA JUAN
亲近经典·天天诵读·梅花卷

吴雨　王先如　车福俊 编

出 版 人：张　堃	责任编辑：何正国
责任校对：冯劲松	责任印制：田　航

出版发行：时代出版传媒股份有限公司　http://www.press-mart.com
安徽少年儿童出版社　E-mail：ahse1984@163.com
新浪官方微博：http://weibo.com/ahsecbs
(安徽省合肥市翡翠路 1118 号出版传媒广场　邮政编码：230071)
出版部电话：(0551)63533536(办公室) 63533533(传真)
(如发现印装质量问题,影响阅读,请与本社出版部联系调换)

印　制：阳谷毕升印务有限公司
开　本：710mm×1000mm　1/16　印张：8.5　字数：128 千
版　次：2017 年 7 月第 1 版　2022 年 1 月第 3 次印刷

ISBN 978-7-5397-9021-3　　　　　　　　　　　　定价：25.00 元

版权所有,侵权必究

中华传统文化,是中华民族性灵、智慧和才情气概的结晶。历代文人的思想精髓,犹如一颗颗璀璨的明珠,照耀着中华五千年的文明。学习和继承这份文化遗产,不仅能提升我们的语文素养,还能潜移默化地影响我们的情感、趣味、气质、胸襟,激励我们的精神,温润我们的心灵。

2014年3月教育部颁布的《完善中华优秀传统文化教育指导纲要》强调,要加强小学生传统文化教育,培育其热爱家乡、热爱生活,热爱祖国河山、历史和文化的品质。对青少年学生加强传统文化知识的启蒙,有利于他们从小打下国学根底,有利于增强其民族自豪感,这对于塑造国民精神、民族品格也有着重要意义。习总书记指出:"应该把这些经典嵌在学生脑子里,成为中华民族的基因。"这也是全体教育工作者和文化人的使命。

为此,我们组织了一批一线优秀教师精心编写了这套《亲近经典·天天诵读》,目的在于引导学生迈入经典国学的殿堂,让他们深刻地领悟到中华五千年文化的独特魅力。

本套书有着鲜明的特色,具体体现在以下几个方面:

1.广泛性。本套书在广泛选材的基础上,进行了一次次精心遴选,入选的作品均为符合儿童心性的国学经典。既有《三字经》《弟子规》等传统蒙学读本,也有唐诗、宋词,还有《论语》《孟子》

《老子》等古代经典著作的节选。文本体裁丰富多样，非常适合小学生诵读。

  2.适用性。书中选文诵读起来朗朗上口，让学生并不觉得枯燥乏味、晦涩难懂。为了让这些传世经典在学生心目中"活"起来，本套书每一节除原文呈现之外，设置了"注释·链接"和"诵读指导"两个栏目。"注释·链接"是对选文疑难点的简明注释和相关背景知识链接，有助于学生更好地理解原文；"诵读指导"主要帮助学生在理解文意的基础上声情并茂地进行诵读，同时享受到诵读的乐趣。

  3.阶梯性。本套书注重把握各年级学生的接受能力与阅读特点，循序渐进、科学合理地安排诵读内容，诵读难度由浅入深，由易到难，为的是孩子们读到他们真正要读并且适合读的作品。建议在老师的指导与家长的督促下，学生们将其作为课外诵读的主要材料，每天诵读一节，持之以恒地坚持下去。

  我们希望这套书呈现给青少年学生的是一个丰盈的世界，通过诵读，培养他们良好的语感和阅读习惯；通过诵读，激发他们无穷的想象力和创新精神；通过诵读，使他们拥有开阔的视野和全方位的思维角度。希望这些独放异彩的文字在青少年学生心中生根、发芽，结出丰硕的果实，帮助他们培养出对母语的热爱，并且能够受益终身。

  参与本册编写的有吴雨、王先如、车福俊。

  欢迎广大读者对这套书的体例结构、栏目设计、内容提出宝贵意见，以便我们进一步修改、完善。

目录

第一单元

从军行 …………………………………………… 002

逢雪宿芙蓉山主人 …………………………… 003

渔歌子 …………………………………………… 004

寒食 ……………………………………………… 005

乐游原 …………………………………………… 006

阳春曲·春景 …………………………………… 007

梧叶儿·别情 …………………………………… 008

沉醉东风·渔父 ………………………………… 009

天净沙·秋思 …………………………………… 010

十二月过尧民歌·别情 ………………………… 011

诵读驿站 ………………………………………… 012

第二单元

前赤壁赋(节选) ………………………………… 015

阿房宫赋(节选) ………………………………… 017

离骚(名句精选) …………………………………… 019

归田赋 …………………………………………… 021

洛神赋(节选) …………………………………… 023

送王希序(节选) ………………………………… 025

柳子厚墓志铭(节选) …………………………… 027

爱莲说 …………………………………………… 029

秋声赋(节选) …………………………………… 031

滕王阁序(节选) ………………………………… 033

诵读驿站 ………………………………………… 034

第三单元

步出夏门行·龟虽寿 …………………………… 037

文赋(节选) ……………………………………… 038

游褒禅山记(节选) ……………………………… 039

墨池记(节选) …………………………………… 041

岳阳楼记(节选) ………………………………… 043

登泰山记(节选) ………………………………… 044

石钟山记(其六) ………………………………… 046

论文偶记(节选一) ……………………………… 047

论文偶记(节选二) …………………………… 049

昭昧詹言(节选) ……………………………… 050

诵读驿站 ……………………………………… 052

第四单元

曾国藩家书(节选一) ………………………… 055

曾国藩家书(节选二) ………………………… 056

曾国藩家书(节选三) ………………………… 057

朱子家书(节选) ……………………………… 058

诫子书(节选) ………………………………… 059

颜氏家训(节选一) …………………………… 061

颜氏家训(节选二) …………………………… 062

颜氏家训(节选三) …………………………… 063

诫子伯禽(节选) ……………………………… 065

诫子书 ………………………………………… 066

诵读驿站 ……………………………………… 068

第五单元

道德经(第二章节选) ………………………… 071

道德经（第八章）……………………………………072

道德经（第十二章）…………………………………073

道德经（第二十二章）………………………………074

道德经（第三十三章）………………………………076

道德经（第四十五章）………………………………077

道德经（第六十七章节选）…………………………078

道德经（第六十八章）………………………………079

道德经（第七十六章）………………………………080

道德经（第八十一章）………………………………081

诵读驿站………………………………………………082

第六单元

读书须有疑………………………………………………085

言默戒（节选）…………………………………………086

少年中国说（节选）……………………………………088

菜根谭（节选一）………………………………………089

菜根谭（节选二）………………………………………090

菜根谭（节选三）………………………………………091

菜根谭（节选四）………………………………………092

菜根谭(节选五) ………………………………………… 093

菜根谭(节选六) ………………………………………… 094

菜根谭(节选七) ………………………………………… 095

诵读驿站 ………………………………………………… 096

第七单元

短歌行(节选一) ………………………………………… 098

短歌行(节选二) ………………………………………… 099

师说(节选) ……………………………………………… 100

为学(节选) ……………………………………………… 101

史记·李将军列传(节选) ……………………………… 102

诗经·小雅·鹤鸣 ………………………………………… 103

大学(节选) ……………………………………………… 104

中庸(节选) ……………………………………………… 105

孟子(节选) ……………………………………………… 106

尚书(节选) ……………………………………………… 107

诵读驿站 ………………………………………………… 108

第八单元

咏白海棠(选自《红楼梦》) …………………………… 111

临江仙 …………………………………………………… 112

水浒传(《林冲棒打洪教头》节选) ………………… 114

西游记(《禅到玉华施法会》节选) ………………… 115

聊斋志异(节选) ……………………………………… 116

盘古开天辟地 ………………………………………… 117

精卫填海 ……………………………………………… 119

夸父逐日 ……………………………………………… 120

女娲补天 ……………………………………………… 121

后羿射日 ……………………………………………… 123

诵读评价 ……………………………………………… 125

第一单元

青海长云暗雪山,
孤城遥望玉门关。
黄沙百战穿金甲,
不破楼兰终不还。

从军行

王昌龄

青海长云暗雪山，
孤城遥望玉门关。
黄沙百战穿金甲，
不破楼兰①终不还。

注释·链接

①楼兰：古代西域国名。楼兰古国地理位置十分重要,丝绸之路南、北两道在楼兰分道。"楼兰"一词在唐边塞诗中泛指边塞敌人。

☞王昌龄的《从军行》组诗一共七首,这首诗是其中的第四首。

诵读指导

这首诗气势雄浑,格调高昂,充满了积极向上的精神,更表达了国家有难匹夫有责的使命感,以及男儿应当建功立业的豪迈情怀。

悲壮苍凉而又豪情万丈是这首诗的感情基调,宜用舒缓的语速、铿锵有力的语调诵读。

逢雪宿芙蓉山主人

刘长卿

日暮苍山远，
天寒白屋贫。
柴门闻犬吠，
风雪夜归人。

注释·链接

☞ 刘长卿，唐代著名诗人，宣城（安徽宣州）人，擅长写五言诗，自称"五言长城"。

☞ 全诗按时间顺序来写，采用白描的手法，勾画出一幅寒山夜宿图。"苍山""白屋""柴门""犬吠"，言简意约，含而不露，意境悠远。

诵读指导

人人都说诗中有画，这首诗一共四行，每行一个画面，画面之间看似各自独立，实则彼此关联。诵读时，要一边读一边想，在感受语言美的同时欣赏画面美，这样就一定能体会到诗人的心情、诗歌的意境。

渔 歌 子①

张志和

西塞山前白鹭飞,
桃花流水鳜鱼②肥。
青箬笠③,
绿蓑衣④,
斜风细雨不须归。

注释·链接

①"渔歌子"是词牌名,这里的"子"即"曲","渔歌子"即"渔歌曲"。
②鳜鱼:俗称"花鱼""桂鱼"。
③箬笠:用竹篾编成的斗笠。
④蓑衣:用茅草编织的雨衣。

诵读指导

这首词描绘了秀丽的水乡风光:远山青翠、白鹭高飞、桃花火红、碧波粼粼,一位渔夫头戴斗笠,身披蓑衣,在春天的斜风细雨中十分悠然自得。朗诵这首诗时,你不妨闭上你的双眼,想象一下那斜风细雨中的优美画面。

寒食①

韩翃

春城无处不飞花,
寒食东风御柳斜。
日暮汉宫②传蜡烛,
轻烟散入五侯③家。

注释·链接

①寒食:寒食节是中国古代的一个传统节日,按照风俗,这一天禁止生火,只吃冷饭等现成食物,故名寒食。
②汉宫:在这里指唐朝皇宫。
③五侯:原指汉成帝封王皇后的五个兄弟为侯,这里泛指得宠于天子的臣子。

诵读指导

这首诗前两句写白天风景,后两句写夜晚景象,写出了对唐朝都城长安春色的赞美,以及对唐朝盛世太平的歌颂。唐德宗对此诗十分欣赏,当时的文武百官、平民百姓也口口相传,喜爱有加。朗读时要把握好句中停顿,最好用轻快的语调。

乐 游 原

李商隐

向晚意不适,
驱车登古原。
夕阳无限好,
只是近黄昏。

注释·链接

☞"乐游原"是唐代京城长安著名的游览胜地,文人墨客经常结伴到此,远望长安城,借景抒情,作诗怀古。

☞"夕阳无限好,只是近黄昏"既是写夕阳西下的美景,更是对自然美景的惋惜,对当时政治昏暗、报国无门的慨叹。

诵读指导

这首诗前两句写登乐游原的原因,后两句写看到的景色,语言朴实,节奏明快,富有哲理。诵读时,前两行稍慢,第三行语速加快,最后一行渐慢,情感深沉悠远,给人以韵味无穷之感。

阳春曲·春景

胡祗遹

几枝红雪①墙头杏,
数点青山屋上屏。
一春能得几晴明?
三月景,
宜醉不宜醒。

注释·链接

①红雪:形容初春盛开杏花的繁茂。

☞元曲在我国文学史上与唐诗、宋词鼎足而立,被人们视为我国古代文学艺术宝库中一颗璀璨的明珠。元曲题材广泛,风格独特,脍炙人口的名篇佳句广为流传。

诵读指导

这首小令先写春景的和谐恬静,再写诗人绿窗高卧的闲适情形。诵读时,要用轻快的语调,表现春天的可爱与美好。

梧叶儿·别情

关汉卿

别离易,相见难。
何处锁雕鞍?
春将去,人未还。
这其间,
殃及杀愁眉泪眼。

注释·链接

☞ 关汉卿是元曲四大家之一,他的代表作品是《窦娥冤》。

☞ "别离易,相见难"让我们联想到李商隐的"相见时难别亦难,东风无力百花残",又让我们联想到李煜的"独自莫凭栏,无限江山,别时容易见时难"。

诵读指导

诵读诗词曲,一边读一边想,是一种很好的方法。我们可以联系生活实际加以联想,可以联系记忆中的诗词曲加以联想,还可以发挥自己的想象力天马行空地想,这样既能够拓展视野,又能激活思维。

沉醉东风·渔父

白　朴

黄芦岸白苹渡口,
绿柳堤红蓼滩头。
虽无刎颈交,
却有忘机友,
点秋江白鹭沙鸥。
傲杀人间万户侯①
不识字烟波钓叟。

注释·链接

①万户侯:汉代分封诸侯最高等级者,大诸侯统辖万户,小诸侯仅管五百户。

诵读指导

渔夫把沙鸥、白鹭当作自己最知心的朋友,把公侯贵族看得一文不值,他真是一个可敬可爱的人!诵读时,首句缓起,后面语速逐渐加快,末句深沉有力,要在诵读中感悟人生哲理。

天净沙·秋思

马致远

枯藤老树昏鸦,
小桥流水人家。
古道西风瘦马,
夕阳西下,
断肠人①在天涯。

注释·链接

①断肠人:形容伤心悲痛到极点的人,此处指漂泊天涯、极度忧伤的旅人。

☞全曲仅五句二十八字,语言极为凝练却容量巨大,意蕴深远,结构精巧,顿挫有致,被后人誉为"秋思之祖"。

诵读指导

作者以多种景物并列,组合成一幅秋郊夕照图,让天涯游子骑一匹瘦马出现在一派凄凉的背景上,从中透出令人哀愁的情调。它抒发了一个飘零天涯的游子在秋天思念故乡、不愿漂泊的凄苦愁闷之情。一词一顿,慢慢品味,抑扬有致,让人读出思乡之情怀。

十二月过尧民歌·别情

王实甫

自别后遥山隐隐,更那堪远水粼粼。
见杨柳飞绵滚滚,对桃花醉脸醺醺。
透内阁香风阵阵,掩重门①暮雨纷纷。
怕黄昏忽地又黄昏,不销魂②怎地不销魂。
新啼痕压旧啼痕,断肠人忆断肠人。
今春,香肌瘦几分?缕带宽三寸。

注释·链接

①重门:庭院深处之门。
②销魂:因过度刺激而呈现出来的痴呆的样子。

诵读指导

诵读的时候,请同时记住崔护的"去年今日此门中,人面桃花相映红",李清照的"梧桐更兼细雨,到黄昏点点滴滴,这次第,怎一个愁字了得",江淹的"黯然销魂者,唯别而已矣",柳永的"衣带渐宽终不悔,为伊消得人憔悴"。"瞻前顾后",左思右想,你的积累会更加丰富。

诵 读 驿 站

主动复习

本单元诵读了10首诗词曲,你还记得吗?试着背一背吧,好朋友之间还可以比赛一下哦。

拓展链接

唐诗是中华民族最珍贵的文化遗产之一,是中华文化宝库中的一颗明珠。唐朝有记录诗人2200余,诗50000多首,唐代习惯上被分为初唐、盛唐、中唐、晚唐四个时期。"初唐四杰"指王勃、杨炯、卢照邻、骆宾王四位诗人。李白、杜甫是盛唐最著名的诗人,世人并称"李杜"。盛唐有两个诗歌流派:以孟浩然、王维为首的山水田园诗派,以高适、岑参、王昌龄为首的边塞诗派。中唐的代表诗人是白居易和刘禹锡。李商隐和杜牧是晚唐著名诗人,世称"小李杜"。

盛唐时期的诗歌充满着乐观、昂扬、进取的精神,回荡着高亢激昂的旋律。如王昌龄说:"黄沙百战穿金甲,不破楼兰终不还。"王维说:"孰知不向边庭苦,纵死犹闻侠骨香。"李白更说:"天生我才必有用,千金散尽还复来。""仰天大笑出门去,我辈岂是蓬蒿人。"

自我评价

给自己写上一句鼓励的话,如果能写一首诗,那就更棒了。

第二单元

寄蜉蝣于天地，渺沧海之一粟。哀吾生之须臾，羡长江之无穷。

前赤壁赋(节选)

苏　轼

苏子愀然,正襟危坐而问客曰:"何为其然也?"客曰:"'月明星稀,乌鹊南飞',此非曹孟德之诗乎?西望夏口,东望武昌,山川相缪①,郁乎苍苍,此非孟德之困于周郎者乎?方其破荆州,下江陵,顺流而东也,舳舻千里,旌旗蔽空,酾酒②临江,横槊赋诗,固一世之雄也,而今安在哉?况吾与子渔樵于江渚之上,侣鱼虾而友麋鹿,驾一叶之扁舟,举匏樽③以相属。寄蜉蝣④于天地,渺沧海之一粟。哀吾生之须臾⑤,羡长江之无穷。挟飞仙以遨游,抱明月而长终。知不可乎骤得,托遗响⑥于悲风。"

注释·链接

①缪:通"缭"(liǎo),盘绕。
②酾(shī)酒:滤酒,这里指斟酒。
③匏樽(páo zūn):酒葫芦。

④蜉蝣(fú yóu)：一种朝生暮死的昆虫。此句比喻人生之短暂。

⑤须臾：片刻，形容生命之短。

⑥遗响：余音，指箫声。

诵读指导

　　苏轼是以一个流放罪犯的身份来到满目荒凉的黄州的。一代名人与鱼虾麋鹿为友，与樵夫渔民为伍，苏轼感受到了有生以来从未有过的孤寂和悲苦，于是他多次来到传说中的古战场赤壁，寄情山水，凭吊古人。在赤壁下，他一次次看穿生命的短暂，一次次悟透生命的永恒。他用《前赤壁赋》为他苦难多变的人生做了最精彩的诠释。让我们用中音中速来朗诵这段文字，好好感受这位大文豪的心路历程吧！

阿房宫赋（节选）

杜 牧

六王毕，四海一。蜀山兀，阿房出。覆压三百余里①，隔离天日。骊山北构而西折，直走咸阳。二川②溶溶③，流入宫墙。五步一楼，十步一阁；廊腰缦回④，檐牙高啄；各抱地势，钩心斗角。盘盘⑤焉，囷囷⑥焉，蜂房水涡，矗不知其几千万落。长桥卧波，未云何龙？复道行空，不霁何虹？高低冥迷⑦，不知西东。歌台暖响，春光融融；舞殿冷袖，风雨凄凄。一日之内，一宫之间，而气候不齐。

注释·链接

①里："里"在这里是面积单位，不是长度单位。古代五户为一邻，五邻为一里。
②二川：指渭水和樊川。
③溶溶：河水缓流的样子。
④缦：萦绕。回：曲折。
⑤盘盘：盘旋的样子。

⑥囷囷(qūn)：屈曲的样子。
⑦冥迷：分辨不清。

诵读指导

　　这段文字，叙述中时有前后照应的妙笔，有贴切生动的比喻，也间有动态的描写，用笔精练，引人入胜，再加上大量对偶、排比句式的运用，致使文句音节铿锵，兼有音韵之美。读之，朗朗上口；读之，阿房宫之风姿盛态就显现于眼前，美不胜收。

离骚（名句精选）

屈 原

长太息①以掩涕②兮，哀民生之多艰。
日月忽其不淹③兮，春与秋其代序。
朝饮木兰之堕露兮，夕餐秋菊之落英。
宁溘④死以流亡兮，余不忍为此态也！
伏⑤清白以死直⑥兮，固前圣之所厚。
民生各有所乐兮，余独好修以为常。
路漫漫其修远兮，吾将上下而求索。
亦余心之所善兮，虽九死其犹未悔。

注释·链接

①太息：叹息。
②掩涕：拭泪。
③淹：停留。
④溘：忽然。
⑤伏：同"服"，引申为保持。
⑥死直：为正直而死。

诵读指导

　　读着《离骚》中的名句，我们不能不为屈原深沉的忧患意识和强烈的社会责任感所感染，可以说，哪里有士子之不遇，哪里有节操之坚执，哪里就有屈原的英魂。屈原精神既是安顿历代文人士子痛苦心灵的家园，也是砥砺志士仁人坚贞操守的金石。

归田赋

张 衡

游都邑以永久，无明略以佐时。徒临川以羡鱼，俟河清乎未期。感蔡子之慷慨，从唐生以决疑。谅天道之微昧①，追渔父以同嬉。超埃尘以遐逝，与世事乎长辞。

于是仲春令月，时和气清；原隰②郁茂，百草滋荣。王雎③鼓翼，鸧鹒④哀鸣；交颈颉颃⑤，关关嘤嘤。于焉逍遥，聊以娱情。

尔乃龙吟方泽，虎啸山丘。仰飞纤缴⑥，俯钓长流。触矢而毙，贪饵吞钩。落云间之逸禽，悬渊沉之鲂鲤⑦。

注释·链接

①微昧：幽隐。
②隰(xí)：低湿之地。
③王雎：鸟名，即雎鸠。
④鸧鹒(cāng gēng)：鸟名，即黄鹂。

⑤颉颃(xié háng)：鸟飞上下貌。
⑥纤缴(zhuó)：指箭。纤：细。缴：射鸟时系在箭上的丝绳。
⑦鲨鰡(shā liú)：一种小鱼，常伏在水底沙上。

诵读指导

　　张衡的《归田赋》可以说是中国文学史上第一篇描写田园隐居乐趣的作品。它寥寥几笔即勾勒出春光明媚，鸟语花香，一派欣欣向荣的自然风貌，面对着这美好的大自然，他似乎真的要忘掉世间的一切烦恼。诵一诵，你的心情会更阳光，更明媚。

洛神赋(节选)

曹 植

　　余告之曰:其形也,翩若惊鸿,婉若游龙,荣曜①秋菊,华茂春松。髣髴兮若轻云之蔽月,飘飖兮若流风之回雪。远而望之,皎若太阳升朝霞。迫而察之,灼若芙蕖出渌②波。秾纤③得衷,修短合度。肩若削成,腰如约素。延颈秀项,皓质呈露,芳泽无加,铅华弗御。云髻峨峨,修眉联娟,丹唇外朗,皓齿内鲜。明眸善睐,靥辅承权,瓌姿艳逸④,仪静体闲。柔情绰态,媚于语言。

注释·链接

①荣曜(yào):荣,丰盛。曜,日光照耀。
②渌:水清貌。
③秾:花木繁盛。此指人体丰腴。纤:细小。此指人体苗条。
④瓌:同"瑰",奇妙。艳逸:艳丽飘逸。

诵读指导

"翩若惊鸿,婉若游龙",传神地展现了洛神飘然而至的风姿神韵。鲜明的形象,艳丽的色彩,令人目不暇接。对洛神的体形、姿态等的描写,给人传递出洛神的沉鱼之貌、落雁之容,又有"清水出芙蓉,天然去雕饰"的清新高洁。作者刻画人物,"增之一分则太长,减之一分则太短,著粉则太白,施朱则太赤",恰到好处。

送王希序（节选）

曾 巩

潜之之将去，以书来曰：子能不言于吾行邪？使吾道潜之之美也，岂潜之相望意也！使以言相镌切①邪？视吾言不足进也。视可进者，莫若道素与游之乐而惜其去，亦情之所不克己②也，故云尔。嗟乎！潜之之去而之京师，人知其将光显也。光显者之心，于山水或薄，其异日肯尚从吾游于此乎？其岂使吾独也乎？

注释·链接

①镌切：情意恳挚地劝诫。镌，凿、刻。切，责备。此处均为引申义。

②情之所不克己：情不自禁。克己，约束、克制自己。

诵读指导

本文作于宋仁宗庆历六年（1046），当时曾巩正在临川求学，为了送朋友王希（字潜之）赴京而写下这篇赠序。文章回忆了两人从相识到结交的经过,描绘了一同游览的踪迹和在游览中所获得的乐趣,字里行间表达出两人间深厚的友情,同时委婉地表达出希望王希在仕途发达之后,不要淡漠了和自己的友情,但却始终不直说,而寄托在山水之情上。可谓是构思精巧,委婉含蓄,让人读后久久难忘。

柳子厚墓志铭（节选）

韩 愈

呜呼！士穷乃见节义。今夫平居里巷相慕悦，酒食游戏相徵逐①，诩诩强笑语以相取下②，握手出肺肝相示，指天日涕泣，誓生死不相背负③，真若不信；一旦临小利害，仅如毛发比④，反眼若不相识。落陷穽⑤，不一引手救，反挤之，又下石焉者，皆是也。此宜禽兽夷狄所不忍为，而其人自视以为得计。闻子厚之风，亦可以少愧矣。

注释·链接

①徵：约之来。逐：随之去。
②诩诩：讨好献媚的样子。强：勉强。取下：指采取谦下的态度。
③背负：背叛，变心。
④如毛发比：譬喻事情之细微。比：类似。
⑤陷穽(jǐng)：圈套，祸难。

诵读指导

　　这段文字是韩愈举出"以柳易播"这一典型事例后写下的抨击世态人情的话语。作者意欲如何？为何在这里活脱脱刻画出那一张张唯利是图、重利轻义的小人的丑陋嘴脸，且出语严峻而又痛快淋漓？想必读完《柳子厚墓志铭》后，你一定会找到答案！

爱莲说

周敦颐

水陆草木之花,可爱者甚蕃①。晋陶渊明独爱菊。自李唐来,世人盛爱牡丹。予独爱莲之出淤泥而不染,濯②清涟而不妖,中通外直③,不蔓不枝④,香远益清,亭亭净植,可远观而不可亵玩焉。

予谓菊,花之隐逸者也;牡丹,花之富贵者也;莲,花之君子者也。噫!菊之爱,陶后鲜有闻。莲之爱,同予者何人?牡丹之爱,宜乎众矣!

注释·链接

①甚蕃:很多。
②濯(zhuó):洗涤。
③中通外直:(它的茎)内空外直。
④不蔓(màn)不枝:不生蔓,不长枝。

诵读指导

　　这是一篇为世人所公认的情文并茂的古代散文名篇,特别是其中"出淤泥而不染"的名句,象征了一种崇高的品德,因而千古传颂,成为仁人志士的座右铭。作者虽惜墨如金,却凸显高洁的志向,廉正的品行,分明的爱憎,字字句句都闪射出熠熠夺目的光彩,读后有如咀嚼干果,品尝香茗,让人回味再三。

秋声赋(节选)

欧阳修

嗟呼!草木无情,有时飘零。人为动物,惟物之灵。百忧感其心,万物劳其形,有动于中,必摇其精。而况思其力之所不及,忧其智之所不能,宜其渥然丹者①为槁木②,黟然黑者③为星星④。奈何以非金石之质,欲与草木而争荣?念谁为之戕贼⑤,亦何恨乎秋声!

注释·链接

①渥然丹者:形容面色红润,这里用以比喻青年。
②槁木:枯木,用以比喻衰老。
③黟(yī)然:黑貌。黟黑,形容头发乌黑,借指壮年。
④星星:头发花白貌,借指老年。
⑤戕(qiāng)贼:伤害。

诵读指导

作者将无情的草木与万物中最有感情、最有灵性的人进行对比,大发感慨,其根源不在秋声,而主要是当时作者面对国家和自己的处境而产生的忧思所致。当时作者被朝廷重用,但想起曾经在政治上屡不得志,怀才不遇,报国无门,心情郁闷。这样的情绪和秋天的气息正相统一,因此触物伤情,有感而发。当然,如果在秋意正浓的季节打开《秋声赋》,会别有一番滋味,不仅能欣赏作者优美的文字所带给你的艺术美感,还能细细品味秋之色、秋之容、秋之气、秋之意,体验自然和人生。

滕王阁序(节选)

王　勃

披绣闼①,俯雕甍②,山原旷其盈视,川泽纡其骇瞩。闾阎③扑地,钟鸣鼎食④之家;舸舰弥津,青雀黄龙之舳。云销雨霁,彩彻区明。落霞与孤鹜齐飞,秋水共长天一色。渔舟唱晚,响穷彭蠡⑤之滨;雁阵惊寒,声断衡阳之浦。

注释·链接

①绣闼(tà):绘饰华美的门。
②雕甍(méng):雕饰华美的屋脊。
③闾阎(lǘ yán):代指房屋。
④钟鸣鼎食:指代名门望族。
⑤彭蠡(lǐ):古代大泽,即今鄱阳湖。

诵读指导

这段景物描写句式工整匀称,读来明快、有力。"云销雨霁,彩彻区明""落霞与孤鹜齐飞,秋水共长天一色""渔舟唱晚,响穷彭蠡之滨;雁阵惊寒,声断衡阳之浦"等句子让人顿生豪迈之情。

诵读驿站

辞赋名篇

中华辞赋经几千年的蓬勃发展,留下许多脍炙人口的辞赋精品,成为人们仿效学习的典范。其主要特征是思想精深,特色突出,技艺精湛,情感澎湃,能深刻反映事物本质,具有强烈的艺术感染力。

一、屈原的《离骚》,飘逸流长。

爱国主义诗人屈原写了大量的诗歌体文章,最后形成诗歌辞赋集《离骚》,表现屈原矢志不渝的爱国热忱。文章中用了大量生动的比喻,进行情感上的宣泄,揭示出主人公的宏伟志向和终被排挤的激愤情怀。可以说《离骚》中大部分作品都是千古绝唱,是精华的辞章,为后世楷模。

二、王勃的《滕王阁序》,千古流传。

《滕王阁序》作为王勃的代表作,其文采华美、语句丰赡,描述对象景象瑰丽,奇幻缤纷,令人感叹。这样的文章,即使不是在滕王阁宴会上即席而作,也一定会是千古名篇。

三、左思的《三都赋》,洛阳纸贵。

左思创作《三都赋》用了十年的时间,分别是《蜀都赋》《魏都赋》《吴都赋》。其花费精力巨大,毅力坚忍。唯其如此,《三都赋》其文一出,轰动京师,致使洛阳纸贵。

四、曹植的《洛神赋》,翩若惊鸿。

曹植是建安时期的代表人物,一篇《洛神赋》使洛河神女的形象有呼之欲出之感,这就是文学的魅力。无愧辞赋精品,千古名篇。

老骥伏枥,
志在千里。
烈士暮年,
壮心不已。

步出夏门行·龟虽寿①

曹 操

神龟虽寿,犹有竟时。腾蛇乘雾,终为土灰。老骥伏枥②,志在千里。烈士③暮年,壮心不已④。盈缩⑤之期,不但在天;养怡之福,可得永年。幸甚至哉,歌以咏志。

注释·链接

①古人将神龟作为长寿动物的代表。
②骥:良马,千里马。枥:马槽,养马的地方。此句比喻有志向的人虽然年老,仍有雄心壮志。
③烈士:有胆识的人。
④已:停止。
⑤"盈缩"指寿夭。"盈"是长,"缩"是短。

诵读指导

"老骥伏枥,志在千里。烈士暮年,壮心不已。"已成千古名句,它反映了诗人曹操踌躇满志、叱咤风云、建功立业的英雄气概。朗诵时宜读得慷慨激昂,充满自信。

文赋（节选）

陆 机

或仰逼于先条，或俯侵于后章；或辞害而理比，或言顺而意妨。离之则双美，合之则两伤。考殿最①于锱铢，定去留于毫芒；苟铨衡之所裁，固应绳其必当。或文繁理富，而意不指适②。极无两致，尽不可益。立片言而居要，乃一篇之警策；虽众辞之有条，必待兹而效绩。亮功多而累寡，故取足而不易。

注释·链接

①殿最：次第的等级，上者为最，下者为殿。
②指适：恰当。

诵读指导

《文赋》的内容可能比较难懂，但是记住了将来就会慢慢理解。诵读经典有一个常用的方法，那就是抓关键语句，先记住关键语句，再反复诵读，前后联想。"立片言而居要，乃一篇之警策"，用这种方法试一试背诵这段文字吧。

游褒禅山记（节选）

王安石

古人之观于天地、山川、草木、虫鱼、鸟兽，往往有得，以其求思之深而无不在①也。夫②夷以近，则游者众；险以远，则至者少。而世之奇伟、瑰怪、非常之观，常在于险远，而人之所罕至焉，故非有志者不能至也。有志矣，不随以止也，然力不足者，亦不能至也。有志与力，而又不随以怠，至于幽暗昏惑而无物以相③之，亦不能至也。然力足以至焉，于人为可讥，而在己为有悔；尽吾志也而不能至者，可以无悔矣，其孰能讥之乎？此余之所得④也！

注释·链接

①无不在：无所不在，没有不探索、思考的，指思考问题广泛全面。

②夫：表示议论的发语词。

③相（xiàng）：帮助，辅助。

④得:心得,收获。

诵读指导

"世之奇伟、瑰怪、非常之观,常在于险远"已成为世人常用的名言。诵读时先理解词句的意思,再想一想语句背后蕴含的道理,这样不仅能加深体会,还能够获得诵读的乐趣。

墨池记(节选)

曾 巩

临川之城东,有地隐然而高①,以临②于溪,曰新城。新城之上,有池洼然而方以长③,曰王羲之之墨池者,荀伯子《临川记》云也。羲之尝慕张芝,临池学书,池水尽黑,此为其故迹,岂信然④邪?

方羲之之不可强以仕⑤,而尝极东方,出沧海,以娱其意于山水之间;岂其徜徉肆恣,而又尝自休于此邪?羲之之书晚乃善⑥,则其所能,盖亦以精力自致者,非天成也。

注释·链接

①隐然而高:微微地高起。隐然:不显露的样子。
②临:从高处往低处看,这里有"靠近"的意思。
③方以长:方而长,就是长方形。
④信然:果真如此。
⑤强以仕:勉强要(他)做官。
⑥晚乃善:到晚年才特别好。

诵读指导

《墨池记》是北宋散文家曾巩的代表作品。文章从记叙墨池遗迹入手,紧密联系王羲之苦练书法的故事,着重阐明勤学苦练出才能的道理,勉励人们刻苦学习,提高道德修养。让我们边读边品味,牢牢记住这篇寓意深长的劝学名篇。

岳阳楼记（节选）

范仲淹

予尝求古仁人之心，或异二者之为，何哉？不以物喜，不以己悲。居庙堂之高①，则忧其民，处江湖之远②，则忧其君。是进亦忧，退亦忧。然则何时而乐耶？其必曰"先天下之忧而忧，后天下之乐而乐"乎。

注释·链接

①居庙堂之高：处在高高的庙堂上，意为在朝中做官。

②处江湖之远：处在偏远的江湖间，意思是不在朝廷上做官。

☞范仲淹：宋代政治家、思想家、文学家，他倡导的"先天下之忧而忧，后天下之乐而乐"思想和仁人志士节操，对后世影响深远。

诵读指导

《岳阳楼记》全篇以写景为主，作者在写景中表达了观赏景物所产生的积极向上的情感。诵读时要把两个问句突出出来，在自问自答中体会范仲淹的广阔胸襟和博大情怀。

登泰山记（节选）

姚 鼐

泰山正南面有三谷。中谷绕泰安城下，郦道元所谓环水也。余始循以入①，道少半，越中岭，复循西谷，遂至其巅。古时登山，循东谷入，道有天门。东谷者，古谓之天门溪水，余所不至也。今所经中岭及山巅，崖限当道者②，世皆谓之天门云。道中迷雾冰滑，磴几不可登。及既上，苍山负雪，明烛天南③；望晚日照城郭，汶水、徂徕④如画，而半山居⑤雾若带然。

注释·链接

①循以入：顺着（中谷）进去。

②崖限当道者：挡在路上的像门槛一样的山崖。

③苍山负雪，明烛天南：青山上覆盖着白雪，（雪）光照亮了南面的天空。负，背。烛，动词，照。

④徂徕(cú lái)：山名，在泰安东南。

⑤居：停留。

诵读指导

　　作者写登泰山所见到的美景:等到已经登上山顶,只见青山上覆盖着白雪,雪光照亮了南面的天空;远望夕阳映照着泰安城,汶水、徂徕山就像是一幅美丽的山水画;停留在半山腰处的云雾,又像是一条舞动的飘带似的。静静读,慢慢想,真美!

石钟山记(其六)

苏 轼

事不目见耳闻,而臆断①其有无,可乎?郦元之所见闻,殆②与余同,而言之不详;士大夫终不肯以小舟夜泊绝壁之下,故莫能知;而渔工水师③虽知而不能言。此世所以不传也。而陋者乃以斧斤考击而求之,自以为得其实④。余是以记之,盖叹郦元之简,而笑李渤之陋也。

注释·链接

①臆断:根据主观猜测来判断。臆,胸。
②殆:大概。
③渔工水师:渔人(和)船工。
④实:指事情的真相。

诵读指导

"石钟山"的名字究竟是怎么来的呢?苏轼经过实地考察证明了郦道元的说法——石多孔隙,风卷水浪时进时出,声响如钟。这段文字一气呵成,诵读时宜娓娓道来。

论文偶记（节选一）

刘大櫆

神①者，文家之宝。文章最要气②盛，然无神以主之，则气无所附，荡乎不知其所归也。神者气之主，气者神之用。神只是气之精处。古人文章可告人者惟法耳，然不得其神而徒守其法，则死法而已。要在自家于读时微会之。李翰云："文章如千军万马；风恬雨霁，寂无人声。"此语最形容得气好。论气不论势③，文法总不备。

注释·链接

①神：精神，这里指文章的主旨。
②气：气韵，这里指文章的节奏。
③势：运势，这里指文章的变化。

诵读指导

魏文帝曹丕在《典论·论文》中指出："文以气为主，气之清浊有体,不可力强而敌。"作者同样认为"气"很重要,但离不开"神",也就是文章的节奏要服从文章的主旨。诵读时,一定要读出文章的气韵来,从而体会神、气、法、势之间的关系。

论文偶记（节选二）

刘大櫆

文贵奇，所谓"珍爱者必非常物"。然有奇在字句者，有奇在意思者，有奇在笔^①者，有奇在丘壑^②者。有奇在气者，有奇在神者。字句之奇，不足为奇；气奇则真奇矣；神奇则古来亦不多见。次第虽如此，然字句亦不可不奇、自是文家能事。

注释·链接

①笔：笔法，笔力，如曲笔、伏笔等。
②丘壑：指意境深远。

诵读指导

文章有的奇在字句上，有的奇在内容上，有的奇在行文上，有的奇在构思上，有的奇在深远的意境上。仅仅是字句奇，不足以称奇，气韵奇特才是真的奇特。诵读这一段文字，要前后连贯，一气呵成。

昭昧①詹言②（节选）

方东树

观太白③诗者，要识真太白处。太白天才豪逸，语多率然而成者。学者於每篇中要识其安身立命处可也。太白发句，谓之开门见山。

李、杜④数公，如金翅擘海，香象渡河。下视郊、岛⑤辈，直虫吟草间耳。高、岑⑥之诗悲壮，读之使人感慨。孟郊之诗刻苦，使人读之不欢。

注释·链接

①昭昧：明暗。

②詹言：烦琐、片面的言论。

③太白：李白。

④李、杜：李白、杜甫。

⑤郊、岛：孟郊、贾岛。

⑥高、岑：高适、岑参。

☞《昭昧詹言》是方东树论诗之作，这段话是作者对唐代著名诗人诗歌风格的评价。

诵读指导

李白在《秋登宣城谢朓北楼》中写道:"江城如画里,山晚望晴空。两水夹明镜,双桥落彩虹。人烟寒橘柚,秋色老梧桐。谁念北楼上,临风怀谢公。"开头两句,诗人把他登览时所见景色概括地写了出来,一下子就把读者深深吸引住了,"太白发句,谓之开门见山"指的就是这种表现手法。从整体入手、从诗人的风格出发,既是理解的需要,又是诵读的需要。

诵读驿站

主动温习

本单元诵读了10段经典,你还记得吗?试着背一背吧,好朋友之间还可以比一比,找出原文来读一读。

拓展链接

桐城派是我国清代文坛上最大的散文流派,亦称"桐城古文派",世通称"桐城派"。其主要代表人物方苞、刘大櫆、姚鼐均系安徽桐城人,因此得名。它以其文统的源远流长,文论的博大精深,著述的丰厚清正,风靡全国,享誉海外,在中国古代文学史上占有显赫地位,是中华民族传统文化中的一座丰碑。戴名世、方苞、刘大櫆、姚鼐被尊为桐城派"四祖",值得一提的是前"三祖"戴、方、刘,从未以"天下文章在桐城"自居,姚鼐更未明确言"派"。正式打出"桐城派"旗号的,是道光、咸丰年间的曾国藩,他在《欧阳生文集序》中,称道方、刘、姚善为古文辞后,说:"姚先生治其术益精。历城周永年书昌为之语曰:'天下之文章,其在桐城乎?'由是学者多归向桐城,号桐城派。"自此,以桐城地域命名的"桐城派"应运而生。

自我评价

给自己写上一句鼓励的话。你还知道哪些桐城派的传人及其作品?请写下来。

_____

_____

_____

第四单元

一粥一饭,当思来处不易;
半丝半缕,恒念物力维艰。

曾国藩家书(节选一)

曾国藩

且苟①能发奋自立,则家塾可读书,即旷野之地,热闹之场,亦可读书,负薪牧豕②,皆可读书;苟不能发奋自立,则家塾不宜读书,即清净之乡,神仙之境皆不能读书。何必择地?何必择时?但自问立志之真不真耳!

注释·链接

①苟:假如。
②负薪牧豕:背柴火放牲畜。

☞曾国藩是中国近代政治家、战略家、理学家、文学家,主张凡事要勤俭廉劳,不可为官自傲。与李鸿章、左宗棠、张之洞并称"晚清四大名臣"。

诵读指导

曾国藩的四弟想到京城求学,曾国藩就给他写了一封信。曾国藩告诉四弟读书与环境并没有多大的关系,读书能不能有成就,主要看能不能自立。这段话节奏感很强,适合大声诵读。

曾国藩家书（节选二）

曾国藩

曾以为学四事勉儿辈：一曰看生书宜求速①，不多读则太陋；一曰温旧书宜求熟②，不背诵则易忘；一曰习字宜有恒③，不善写则如身之无衣，山之无木；一曰作文宜苦思④，不善作则如人之哑不能言，马之肢不能行。

注释·链接

①求速：快速阅读，大量阅读。
②求熟：反复阅读，达到熟读成诵的程度。
③有恒：持之以恒，坚持不懈。
④苦思：反复思考。

诵读指导

在曾国藩看来，不会写字便好比身上无衣，山上无树；不会写文章，好比哑巴不能说话，马不能行走。写一手好字、一手好文章何等重要，作者比喻贴切，说理深刻，且让我们反复诵读，牢牢记住，静静品味。

曾国藩家书(节选三)

曾国藩

盖士人①读书,第一要有志,第二要有识,第三要有恒。有志则断②不敢为下流③;有识则知学问无尽,不敢以一得自足,如河伯之观海,如井蛙之窥④天,皆无识者也;有恒则断无不成之事;此三者缺一不可。

注释·链接

①士人:古代男子的统称。这里指一般人、普通人。
②断:绝对,一定。
③下流:下游。这里指社会下层的人。
④窥(kuī):从小孔、缝隙处往外看。

诵读指导

读书要想有成就,必须具备三个条件:第一要有志向,第二要有见识,第三要有恒心。这三者中,立志最重要,无论何时何地都要能够安心读书,潜心读书。这是曾国藩对家人的要求,也是我们读书必须遵循的基本原则。让我们轻声吟咏,牢记于心,落实于行。

朱子家书(节选)

朱用纯

一粥一饭,当思来处不易;
半丝半缕,恒念物力维艰。
宜未雨而绸缪①,毋临渴而掘井②。
自奉③必须俭约,宴客④切勿流连。

注释·链接

①绸缪:紧密缠缚。天还没有下雨,先把门窗绑牢。未雨绸缪,比喻事先做好准备工作。
②临:到,接近。临渴掘井,感到渴了才去挖井,比喻平时没有准备,事到临头才想办法。
③自奉:自己享用。
④宴客:招待客人。

诵读指导

《朱子家书》又称《朱子家训》《朱子治家格言》,虽然只有寥寥数百字,却以通俗易懂的文字表达了深刻的治家之道,是儒家的经典之作,几百年来为世人所传颂。其句式对仗工整,读来朗朗上口,宜于大声朗诵。有兴趣的同学,可以把全文找来读一读。

诫子书（节选）

诸葛亮

夫君子之行①，静以修身，俭以养德。非淡泊无以明志，非宁静无以致远。夫学须静也，才须学也。非学无以广才，非志无以成学。淫慢②则不能励精，险躁则不能冶性。年与时驰，意与日去③，遂成枯落，多不接世④，悲守穷庐，将复何及⑤！

注释·链接

①行：指操守，品德。
②淫慢：过度享乐与怠慢。
③意与日去：学习的意志随着时间消逝。意：意志，本文中指学习的意志。
④接世：接触社会，承担事务。
⑤将复何及：又怎么来得及。

诵读指导

无论做人还是学习，诸葛亮强调的是一个"静"字：修身须

"静",学习须"静",获得成就也取决于"静"。学习必须专心致志,轻浮急躁就不能取得进步。我们青少年更应该沉下心来,多读书,读好书。

颜氏家训(节选一)

颜之推

四海之人,结为兄弟,亦何容易。必有志均义敌,令终如始①者,方可议之。

与善人居,如入芝兰之室②,久而自芳也;与恶人居,如入鲍鱼之肆③,久而自臭也。

注释·链接

①令终如始:始终如一。
②芝兰之室:芝、兰是两种香草,这里指良好的环境。
③鲍鱼之肆:卖渍鱼的店铺,比喻小人集聚的地方。

☞《颜氏家训》是汉民族历史上第一部内容丰富、体系宏大的家训,也是一部学术著作。作者颜之推,是南北朝时期著名的文学家、教育家。

诵读指导

"出淤泥而不染,濯清涟而不妖。""近朱者赤,近墨者黑。"这些名言都告诉我们环境对人的影响是巨大的,我们要排除各种干扰,做一个充满正能量的人。大声朗读,把自己的理解融入诵读之中。

颜氏家训(节选二)

颜之推

　　四海之人人生小幼,精神专利,长成已后,思虑散逸①,固须早教,勿失机也。

　　幼而学者,如日出之光,老而学者,如秉烛夜行,犹贤乎瞑目②而无见者也。

注释·链接

①散逸:分散,指精力不集中。
②瞑目:闭上眼睛。

诵读指导

　　古来圣贤皆重视学习:孔子说"学而不已,阖棺而止",庄子说"吾生也有涯,而知也无涯",荀子说"学不可以已"。年轻时,学是为了理想;中年时,学是为了补充;老年时,学则是一种意境。所以俗话说得好:"活到老,学到老。"读书无穷尽,与经典为伴,乐在其中。

颜氏家训（节选三）

颜之推

夫圣人之书，所以设教，但明练经文，粗通注义，常使言行有得，亦足为人。

俗间儒士，不涉群书，经纬①之外，义疏②而已。

校订书籍，亦何容易，自扬雄、刘向，方称此职耳。观天下书未遍，不得妄下雌黄。或彼以为非，此以为是；或本同末异；或两文皆欠，不可偏信一隅也。

注释·链接

①经纬：经书和纬书。经书指儒家经典著作，纬书是汉代混合神学附和儒家经义的书。

②义疏：古书的注释体制之一，起源于南北朝。内容为疏通原书和旧注的文义，阐述原书的思想或广罗材料，对旧注进行考核，补充辩证。

诵读指导

　　读这段话,我们应该明白,在读书的时候要善于思考。有时候这本书上这样说,那本书上那样说,到底谁对谁错,我们只有通过思考、分析、比较才能做出正确的判断。如果不加思考,全盘接受,可能会一错再错,那可就得不偿失了。将诵读与思考结合起来,我们将从经典中收获成长。

诫子伯禽（节选）

周公旦

君子不施其亲，不使大臣怨乎不以。故旧无大故则不弃也，无求备于一人。

君子力如牛，不与牛争力；走如马，不与马争走；智如士，不与士争智。

注释·链接

☞周公旦，姓姬名旦，亦称叔旦，因封地在周，故称周公或周公旦，是西周初期杰出的政治家、军事家和思想家，被尊为儒学奠基人，孔子一生最崇敬的古代圣人之一。

诵读指导

有德行的人即使力大如牛，也不会与牛竞争力的大小；即使飞跑如马，也不会与马竞争跑速快慢；即使智慧如士，也不会与士争智慧高下。后人就用"与牛争力"来形容人的器量小，没有"大人物"的器量。这段话字字铿锵，句句有力，适合中速朗诵。

诫子书

东方朔

明者处事，莫尚于中，优哉游哉，与道相从。首阳为拙，柳惠为工。饱食安步，在仕代农。依隐玩世，诡时不逢。是故才尽者身危①，好名者得华②；有群者累生③，孤贵者失和④；遗余者不匮，自尽者无多。圣人之道，一龙一蛇，形见神藏，与物变化，随时之宜，无有常家。

注释·链接

①才尽者身危：锋芒毕露的人，就会有危险。
②好名者得华：有好的名声的人，便能得到华彩。
③有群者累生：深孚众望的人，就会忙碌一生。
④孤贵者失和：自命清高的人，就会失去人和。

诵读指导

东方朔是西汉文学家，一生没有得到皇帝的重用。在这封写给儿子的信中，东方朔指出，明智的人处事，崇尚中庸之道，凡事恰到好处即可。那些才华毕露的人处境常常危险，深孚众望的人往往一生忙碌,自命清高的人常常人缘不好,任何事都不留有余地的人往往没有前途,都是因为不循中庸之道。人应该顺乎时势发展而主动变化,不要一成不变。

第四单元

诵读驿站

主动温习

中国古代流传下来的家书家训可谓汗牛充栋,有些堪为经典,国人家喻户晓。诵读了这10段家书家训,你是不是深受启发呢?如果有兴趣,你可以找出更多的家书家训来读一读。

拓展链接

《朱子家书》还有许多名句,下面的句子你还可以读一读:

祖宗虽远,祭祀不可不诚。子孙虽愚,经书不可不读。

居身务期质朴,教子要有义方。

勿贪意外之财,勿饮过量之酒。

与肩挑贸易,勿占便宜。见贫苦亲邻,须多温恤。

刻薄成家,理无久享。伦常乖舛,立见消亡。

见富贵而生谄容者,最可耻。遇贫穷而作骄态者,贱莫甚。

居家戒争讼,讼则终凶。处世戒多言,言多必失。

施惠勿念,受恩莫忘。凡事当留余地,得意不宜再往。

人有喜庆,不可生妒忌心。人有祸患,不可生喜幸心。

善欲人见，不是真善。恶恐人知，便是大恶。

自我评价

给自己写上一句鼓励的话。你还知道哪些家书家训的经典句段？请写下来。

第五单元

天下皆知美之为美,斯恶已。皆知善之为善,斯不善已。

道德经(第二章节选)

老　子

天下皆知美之为美,斯恶已①。皆知善之为善,斯②不善已。故有无相③生,难易相成,长短相形④,高下相盈⑤,音声相和,前后相随。

注释·链接

①恶已:恶、丑。已,通"矣"。
②斯:这。
③相:互相。
④形:此指比较、对照中显现出来的意思。
⑤盈:充实、补充、依存。

诵读指导

有个哲学家说过:人们讲得最多的,却往往是他最不了解的,人们对部分事物和表面现象的关注,常常会忽视整体的隐藏在深层次的、最本质的东西。"不识庐山真面目,只缘身在此山中。"这一富于哲理的诗句与老子的辩证法有异曲同工之妙。

道德经（第八章）

老　子

上善①若水，水善利万物而不争，处众人之所恶，故几于道②。居善地，心善渊③，与善仁④，言善信，正善治⑤，事善能，动善时⑥。夫唯不争，故无尤⑦。

注释·链接

①上善：最善。上，最的意思。
②几于道：接近于道。几，接近。
③渊：沉静、深沉。
④与：指与别人相交相接。善仁：指有修养之人。
⑤正善治：为政善于治理国家，从而取得治绩。
⑥动善时：行为动作善于把握有利的时机。
⑦尤：怨咎、过失、罪过。

诵读指导

拥有最高德行的人就如同水一样，具有宽阔的胸怀，谦逊的品格，与世无争的情操，宽厚仁慈的作风，具体地讲，就是心胸要像水渊一样，宽广无边；要像水的流势一样，谦虚卑下。

道德经（第十二章）

老子

五色①令人目盲；五音令人耳聋；五味令人口爽；驰骋②畋③猎，令人心发狂；难得之货，令人行妨④。是以圣人为腹不为目，故去彼取此。

注释·链接

①五色：指青、黄、赤、白、黑。此指色彩多样。
②驰骋：纵横奔走，比喻纵情放荡。
③畋（tián）：打猎的意思。
④行妨：伤害操行。妨，妨害、伤害。

诵读指导

随着现代文明的高度发达，许多人只求声色物欲的满足，价值观、道德观严重扭曲，在许多场合可以普遍看到人心发狂的事例。现实生活中的你、我、他都要摒弃外界物欲的诱惑，保持内心的安足清静，确保固有的天性。

道德经（第二十二章）

老子

曲则全，枉①则直，洼则盈，敝②则新，少则得，多则惑。是以圣人抱一③为天下式④。不自见，故明⑤；不自是，故彰；不自伐⑥，故有功；不自矜，故长。夫唯不争，故天下莫能与之争。古之所谓曲则全者，岂虚言哉！诚全而归之。

注释·链接

①枉：屈、弯曲。
②敝：凋敝。
③抱一：抱，守。一，即道。此意为守道。
④式：法式，范式。
⑤明：彰明。
⑥伐：夸。

诵读指导

《山谷中的谜底》这篇课文告诉我们："弯曲不是屈服和毁灭，而是为了生存和更好地发展。"生活在现实社会的人们，不可能做任何事情都一帆风顺,极有可能遇到各种困难,在这种情况下,老子告诉人们,可以先采取退让的办法,静观以待变,然后再采取行动,从而达到自己的目标。

第五单元

道德经（第三十三章）

老 子

知人者智,自知者明。胜人者有力,自胜者强①。知足者富,强行②者有志,不失其所者久。死而不亡③者寿。

注释·链接

①强:刚强、果决。
②强行:坚持不懈、持之以恒。
③死而不亡:身虽死而"道"犹存。

诵读指导

"人贵有自知之明。"这句话的最早表述者就是老子。"自知者明",就是说能以外事外物来反观自身,清醒地认识自己、对待自己,这才是最聪明的,最难能可贵的。"不识庐山真面目,只缘身在此山中。"了解自己比了解别人更难。

道德经(第四十五章)

老 子

大成①若缺,其用不弊。大盈若冲②,其用不穷。大直若屈③,大巧若拙,大辩若讷④。静胜躁,寒胜热⑤,清静为天下正⑥。

注释·链接

①大成:最为完满的东西。
②冲:虚,空虚。
③屈:曲。
④讷:笨嘴拙舌。
⑤静胜躁,寒胜热:清静克服扰动,寒冷克服暑热。
⑥正:通"政"。

诵读指导

心静自然凉,静是安静,凉是心安静下来后的一种清凉的感觉。有欲望就有争夺,有争夺就有失败,有失败就有痛苦。老子反对张扬,提倡强者不强,富者不富,提倡做事留有余地,既能进退自如,又不至于走极端。

道德经（第六十七章节选）

老　子

我有三宝，持而保之。一曰慈，二曰俭①，三曰不敢为天下先。慈故能勇②；俭故能广③；不敢为天下先，故能成器长④。今舍慈且勇，舍俭且广，舍后且先，死矣！夫慈，以战则胜，以守则固，天将救之，以慈卫之。

注释·链接

①俭：啬，保守，有而不尽用。
②慈故能勇：仁慈所以能勇武。
③俭故能广：俭啬所以能大方。
④器长：万物的首长。器，指万物。

诵读指导

"仁慈、简朴、不为天下先。"老子奉为三宝是恰如其分的。我们常说"善有善报，恶有恶报"，真正的善良和仁慈的内心，其本身就是无比平和的。

道德经(第六十八章)

老 子

善为士者①,不武;善战者,不怒;善胜敌者,不与②;善用人者,为之下。是谓不争之德,是谓用人之力,是谓配天古之极③。

注释·链接

①善为士者:意为善作将帅的人。士,即武士,这里作将帅讲。
②不与:意为不争,不正面冲突。
③配天古之极:符合自然的道理。

诵读指导

军事指挥者失去冷静,以主观臆断和愤怒的情绪代替客观分析与判断,将给国家和军队带来极大危害和灾难。军事上如此,人生亦然。遇事不急躁、不冲动,平心静气地认真思考,细心分辨客观现象,就可找到问题的症结,从而得出正确的解决方法。

道德经(第七十六章)

老　子

人之生也柔弱①,其死也坚强②。草木之生也柔脆③,其死也枯槁④。故坚强者死之徒⑤,柔弱者生之徒。是以兵强则不胜,木强则兵。强大处下,柔弱处上。

注释·链接

①柔弱:指人活着的时候身体是柔软的。
②坚强:指人死了以后身体就变成僵硬的了。
③柔脆:指草木形质的柔软脆弱。
④枯槁:形容草木的干枯。
⑤死之徒:属于死亡的一类。徒,类的意思。

诵读指导

老子认为,人生在世,不可逞强斗胜,而应柔顺谦虚,有良好的处世修养。无论柔弱还是坚强,也无论"生之徒"还是"死之徒",都是事物变化发展的内在因素在发挥作用。他以自然和社会现象形象地告诫人们,不要处处显露突出,不要时时争强好胜。

道德经（第八十一章）

老　子

信言①不美，美言不信；善者②不辩，辩者③不善；知者不博，博者不知。圣人不积④，既以为人，己愈有；既以与人，己愈多。天之道，利而不害。圣人之道⑤，为而不争。

注释·链接

①信言：真实可信的话。
②善者：言语行为善良的人。
③辩：巧辩、能说会道。
④圣人不积：有道的人不自私，没有占有的欲望。
⑤圣人之道：圣人的行为准则。

诵读指导

信与美，善与辩，知与博，这实际上是真假、美丑、善恶的问题。老子试图说明某些事物的表面现象和其实质往往并不一致。按照这三条原则，以"信言""善行""真知"来要求自己，做到真、善、美在自身的和谐统一。

诵读驿站

"道德经"的故事

下面这个故事,能够说明老子道德哲学最本质的地方。

常摐(chuāng)(老子的恩师)老先生有病,老子李耳前往问安。

老子说:"先生已经病得很重,可有什么话语留下,教与弟子吗?"

"你就算不问,我原也准备告诉你知道。"常摐说道,"过故乡应该下车,你知道这是为了什么?"

老子答道:"过故乡而下车,这不就是说,不可以忘记从前吗?"

"哈哈,就是呀!"常摐轻轻笑道,"经过乔木时必须快步而行,你可知道是为了什么?"

老子答道:"经过乔木时快步而行,不就是说,应该敬老吗?"

"哈哈,又对了。"常摐会心一笑的同时,朝老子张大嘴巴,说道,"你看我的舌头,它还在吧?"

老子回答说:"当然仍在。"

常摐又复问道:"我的牙齿呢,它们还在吗?"

老子答道:"牙齿没了。"

常摐问道:"你可知道,这是什么原因?"

老子说道:"舌头仍在,难道就是因为它柔软的缘故;牙齿没了,莫非是因为它坚硬吗?"

常摐道:"哈哈,正是如此。天下所有的事情已经说尽,我再也无话对你说啦。"

· 第五单元 ·

少年智则国智,
少年富则国富;
少年强则国强,
少年独立则国独立。

读书须有疑

朱　熹

读书,始读,未知有疑;其次,则渐渐有疑;中则节节有疑。过了这一番,疑渐渐释,以至融会贯通,都无所疑,方始是学。读书无疑者须教有疑,有疑,却要无疑,到这里方是长进。

注释·链接

☞朱熹关于读书的意见,由他的学生归纳为"朱子读书法"六条:即循序渐进、熟读精思、虚心涵泳、切己体察、着紧用力、居敬持志。

诵读指导

读书贵有疑,可贵之处,就在于独立思考,敢于大胆探索和追求。明人陈献章说:"前辈谓学者有疑,小疑则小进,大疑则大进。疑者,觉悟之机也。一番觉悟,一番长进。"疑,常常是获得真知的先导,只有大胆生疑,勇于生疑,才可能有所发现、有所创造、有所进步、有所发展。

言默戒(节选)

杨 时

予告之曰:"夫鸡鸣能不祥于人欤?其自为不祥而已。或夜鸣,鸣之非其时也;旦而不鸣,不鸣非其时也,则自为不祥而取烹也,人何与焉?若夫时然后鸣,则人将赖汝以时夜①也,孰从而烹之乎?"

又思曰:"人之言默,何以异此?未可言而言,与可言而不言,皆足取②祸也。故书之以为言默戒。"

注释·链接

①时夜:司夜,指打鸣报晓。时,掌管。
②取:招致。

诵读指导

"夜鸣,鸣之非其时也;旦而不鸣,不鸣非其时也",无论发言还是沉默都要在对的时间和地点,不然只会害了自己。该说不说和不该说而说,都会招致灾祸,说话做事要适宜。正如朱熹所言:"人之作孽,莫甚于口;言语尖刻,必为人忌。"

第六单元

少年中国说(节选)

梁启超

故今日之责任,不在他人,而全在我少年。少年智则国智,少年富则国富;少年强则国强,少年独立则国独立;少年自由则国自由,少年进步则国进步;少年胜于欧洲则国胜于欧洲,少年雄于地球则国雄于地球。

注释·链接

八国联军侵华时,西方列强制造舆论,污蔑中国是"老大帝国"。为了驳斥西方列强的无耻谰言,也纠正国内一些人自暴自弃、崇洋媚外的奴性心理,唤起人民的爱国热情,激起民族的自尊心和自信心,梁启超于1900年写出这篇《少年中国说》。

诵读指导

《少年中国说》重在论及少年拯国救民的历史使命,作者的感情更如火山爆发,语势纵横,极富鼓动性和感染力。尤其是全文最末部分,语言高度凝练、概括,气势宏大,感情饱满,洋洋洒洒,酣畅淋漓,把中国少年责任之重大,把少年中国前景之辉煌,表现得气足神完,读之令人荡气回肠,顿生振兴中华之豪情壮志。

菜根谭（节选一）

洪应明

故今日之责任以积货财之心积学问，以求功名之念求道德，以爱妻子①之心爱父母，以保爵位之策保国家。出此入彼，念虑②只差毫厘，人品且判③星渊④矣。人胡不猛然转念哉？

注释·链接

①妻子：妻子儿女。
②念虑：想法，念头。
③判：分辨。
④星渊：星在天空。渊，指深潭，借指天地。

诵读指导

中华民族传统的修养理论莫过于一个"心"字。修心，就是修炼心性，就是培养气节。孟子说："吾善养吾浩然之气。"当然，这种浩然之气，不是从天上掉下来的，也不是人生固有的，是修炼心性，征服心性，接受熏陶而获得的。我们应时常扪心自问："我能不能征服自己的心性？"

菜根谭(节选二)

洪应明

心是一颗明珠。以物欲障蔽之,犹明珠而混以泥沙,其洗涤犹易;以情识①衬贴之,犹明珠而饰②以银黄③,其洗涤最难。故学者不患垢病,而患洁病之难治;不畏事障,而畏理障之难除。

注释·链接

①情识:与上文"物欲"相对,此指主观感受与理性认识。
②饰:修饰,装饰。
③银黄:银和金。

诵读指导

人心不怕物质欲望的遮蔽,因为"只是人心为物欲所蔽,失其灵明,如聋盲之不辨声色,非其本性使然"。可怕的是被感情与理性所包装,因为真假难辨,难以根除。

菜根谭（节选三）

洪应明

一点不忍①的念头，是生民生物之根芽；一段不为的气节，是撑天撑地之柱石。故君子于一虫一蚁不忍伤残，一缕一丝勿容贪冒②，变可为万物立命、天地立心矣。

注释·链接

①忍：残酷，忍心。
②贪冒：贪图财力。

诵读指导

做人要学会有所为，有所不为。一个人能否成功，不仅要看他做了什么，还要看他不做什么。为人尽善，用一点善心，做一些善事，会给世界带来无边温暖。处世莫贪，去几分贪念，少几分贪财，能让生活充满平静。

菜根谭（节选四）

洪应明

遇大事矜持①者，小事必纵弛②；处明庭检饰③者，暗室必放逸。君子只是一个念头持到底，自然临小事如临大敌，坐密室若坐通衢④。

注释·链接

①矜持：庄重、拘谨，这里含有做作、不自然的意思。
②纵弛：放纵、弛缓、随便。
③检：约束、制止。饰：装饰。
④通衢：交通大道。

诵读指导

"外内表里，自相副称""夫君子之不骄，虽暗室不敢自慢"，都说明做人应该表里如一，心智纯正，时时处处用较高的道德标准约束自己，不能阳一套，阴一套，大庭广众之下道貌岸然，背地无人之处胡作非为！

菜根谭(节选五)

洪应明

琴书诗画,达士以之养性灵①,而庸夫徒赏其迹象;山川云物,高人以之助学识,而俗子徒玩其光华。可见事物无定品,随人识见以为高下。故读书穷理,要以识趣②为先。

注释·链接

①性灵:性情,泛指精神生活。
②识趣:领会事理中包含的意趣。

诵读指导

作者借明理之人和贫庸之人对"琴书诗画""山川云物"的不同理解与看法,说明事物原本没有一定的品格,由于人们识见有高有低而显出高下来,进而告诉人们:读书追求道理时必须领会事物中包含的真正意趣。

菜根谭（节选六）

洪应明

耳中常闻逆耳①之言,心中常有拂心②之事,才是进德修行的砥石③。若言言悦耳,事事快心,便把此生埋在鸩毒④中矣。

注释·链接

①逆耳：刺耳。
②拂心：违背意愿,不顺心。
③砥石：磨刀石。
④鸩毒：毒酒。鸩是一种有毒的鸟,其羽浸酒有剧毒。

诵读指导

"兼听则明,偏听则暗",想要进德修业,就得摆正心态,虚怀若谷。纵观古今,凡是成就突出的人,大都勇于接受批评意见。他们能够从善如流,所以能够吸取众人的智慧,避免自己的失误,从而成就自己的事业。

菜根谭（节选七）

洪应明

栖守道德者，寂寞①一时；依阿②权势者，凄凉万古。达人③观物外之物，思身后之身④；宁受一时之寂寞，毋取万古之凄凉。

注释·链接

①寂寞：冷落、孤独。
②依阿(ē)：依附。
③达人：通达事理的人。
④身后之身：指死后的名声。

诵读指导

"路遥知马力，日久见人心。"坚守道德规范的忠诚之士，所受的冷落寂寞是一时的，终有拨云见日之时；但曲意迎从权势的无节小人，所受的冷落将是千年万载的。作为通达事理的人宁可承受在世之时的一时寂寞，也不愿去受那千年万载的凄凉。

诵读驿站

嚼嚼"菜根"

宋朝汪信民有句名言:"人能咬得菜根,则百事可做。"明朝万历年间人洪应明受此启发,作《菜根谭》。这本书,明、清两代多次翻刻印刷,流传至今,在当今日本成为企业经营管理者必读书之一。

《菜根谭》是一本怎样的书呢?是一部论述修养、人生、处世、出世的语录集。具有三教真理的结晶和万古不易的教人传世之道,为旷古稀世的奇珍宝训。对于人的正心修身,养性育德,有不可思议的潜移默化的力量。其文字简练明隽,兼采雅俗。似语录,而有语录所没有的趣味;似随笔,而有随笔所不易及的整饬;似训诫,而有训诫所缺乏的亲切醒豁;且有雨余山色,夜静钟声,点染其间,其言清霏有味,风月无边。

古人云:"谭者,谈也。性定根香。"细味此书,菜根会越来越香:一则重温人间那种已被淡忘了的真趣,二来清醒一下被金钱烧灼得晕头转向的头脑,寻找修身养性的途径、待人处世的准则,学会高瞻远瞩,学会达观人生。

记住:

"会心不在远,得趣不在多。盆池拳石间,便居然有万里山川之势,片言只语内,便宛然见万古圣贤之心,才是高士的眼界,达人的胸襟。"

第七单元

对酒当歌,人生几何!
譬如朝露,去日苦多。
慨当以慷,忧思难忘。
何以解忧?唯有杜康。

短歌行（节选一）

曹 操

对酒当歌①，人生几何！譬如朝露，去日苦多。慨当以慷②，忧思难忘。何以解忧？唯有杜康③。青青子衿，悠悠我心。但为君故，沉吟至今。呦呦鹿鸣，食野之苹。我有嘉宾，鼓瑟吹笙。

注释·链接

①对酒当歌：一边喝着酒，一边唱着歌。当，是对着的意思。
②慨当以慷：指宴会上的歌声激昂慷慨。当以：应当用的意思。
③杜康：相传是最早造酒的人，这里代指酒。

诵读指导

全诗以感慨开始，继之以慷慨、沉吟，再继之以忧愁、开朗。一忧一喜，忽徐忽急，以如歌的行板倾诉了作者慷慨激昂的情怀。

短歌行(节选二)

曹　操

明明如月,何时可掇①?忧从中来,不可断绝。
越陌度阡②,枉用相存③。契阔谈䜩,心念旧恩。
月明星稀,乌鹊南飞。绕树三匝④,何枝可依?
山不厌高,海不厌深。周公吐哺,天下归心。

注释·链接

① 掇(duō):什么时候可以摘取呢？掇,拾取,摘取。
② 陌:东西向田间小路。阡,南北向的小路。
③ 存:问候,思念。
④ 三匝:三周。匝,周,圈。

诵读指导

这首诗充满了深沉的忧叹,却洋溢着积极进取的精神,激荡着慷慨激昂的感情,给人以鼓舞和力量。与汉高祖的"安得猛士兮守四方！"有相通之处。

师说（节选）

韩　愈

古之学者必有师。师者，所以传道受业解惑也。人非生而知之①者，孰能无惑？惑而不从师，其为惑②也，终不解矣。生乎吾前，其闻道也固先乎吾，吾从而师之；生乎吾后，其闻道也亦先乎吾，吾从而师之。吾师道也，夫庸知其年之先后生于吾乎？是故无贵无贱，无长无少，道之所存，师之所存也。

注释·链接

①之：指知识和道理。
②其为惑也：他所存在的疑惑。

诵读指导

"古之学者必有师"句首冠以"古之"二字，既说明古人重视师道，又针对现实，借古讽今；"必有"二字，语气极为肯定，然后进一步指出师者的职责是"传道受业解惑"。朗读时要把握这种层层递进的节奏。

为学（节选）

彭端淑

天下事有难易乎？为之①，则难者亦②易矣③；不为，则易者亦难矣。人之为学有难易乎？学之，则难者亦易矣；不学，则易者亦难矣。

注释·链接

①之：代词，它，指天下事。
②亦：也。
③矣：了。

诵读指导

"为之，则难者亦易矣；不为，则易者亦难矣。"学习也是如此，只要脚踏实地去学，没有掌握不了的学问；反之，不去学习，就是极容易的事也会变得十分困难。

史记·李将军列传（节选）

司马迁

"其身正①，不令而行；其身不正，虽令不从。"其李将军之谓也。余睹李将军，悛悛如鄙②人，口不能道辞③。及死之日，天下知与不知，皆为尽哀。彼其忠实心诚信于士大夫也。谚曰："桃李不言，下自成蹊④。"此言虽小，可以谕大也。

注释·链接

①正：端正。
②鄙：粗野。
③辞：言语。
④蹊：小路。

诵读指导

"但使龙城飞将在，不教胡马度阴山。""君不见，沙场征战苦，至今犹忆李将军。"这些脍炙人口的唐诗佳句生动地表达了后人对李广这位一代名将的景仰赞颂之情。

诗经·小雅·鹤鸣

鹤鸣于九皋①,声闻于野。鱼潜在渊,或在于渚。乐彼之园,爰有树檀,其下维萚②。他山之石,可以为错③。

鹤鸣于九皋,声闻于天。鱼在于渚,或潜在渊。乐彼之园,爰有树檀,其下维榖④。他山之石,可以攻玉。

注释·链接

①九:虚数,言沼泽之多。皋:沼泽地。
②萚(tuò):酸枣一类的灌木。
③错:砺石,可以打磨玉器。
④榖(gǔ):树木名,即楮树,其树皮可作造纸原料。

诵读指导

诗中从听觉写到视觉,写到心中所感所思,一条意脉贯穿全篇,结构十分完整,从而形成一幅远古诗人漫游荒野的图画。画中有色有声,有情有景,诗意浓浓,读之不免令人产生思古之幽情。

大学（节选）

  大学之道①，在明明德②，在亲民③，在止于至善。知止④而后有定，定而后能静，静而后能安，安而后能虑，虑而后能得⑤。物有本末，事有终始。知所先后，则近道矣。

注释·链接

①大学之道：大学的宗旨。道，本义是道路，引申为规律、原则等。
②明明德：前一个"明"，发扬、弘扬；后一个"明"，光明正大的品德。
③亲民：也就是新民，使人弃旧图新、去恶从善。
④知止：知道目标所在。
⑤得：收获。

诵读指导

  "人之初，性本善；性相近，习相远；苟不教，性乃迁。"是说人的本性生来都是善良的，只不过因为后天的环境影响和教育才导致了不同的变化，从中生出许多恶的品质。"大学"的宗旨就在于弘扬人性中光明正大的品德，使人达到最完善的境界。

中庸(节选)

有弗学,学之弗①能,弗措②也。有弗问,问之弗知,弗措也。有弗思,思之弗得,弗措也。有弗辨,辨之弗明,弗措也。有弗行,行之弗笃,弗措也。人一能之,己百之。人十能之,己千之。

果能此道矣,虽愚必明,虽柔必强。

注释·链接

①弗:不。
②措:停止,罢休。

诵读指导

"锲而舍之,朽木不折;锲而不舍,金石可镂"的精神,就是永不罢休的精神;"人一能之,己百之;人十能之,己千之"的态度,就是俗语所说的笨鸟先飞的态度。如果我们坚持这样的精神与态度,有什么样的困难不能克服,有什么样的成就不能取得呢?

孟子（节选）

孟　子

孟子曰："孔子登东山①而小鲁，登泰山而小天下。故观于海者难为水，游于圣人之门者难为言。观水有术，必观其澜。日月有明，容光②必照焉。流水之为物也，不盈科不行；君子之志于道也，不成章③不达。"

注释·链接

①东山：即蒙山，在今山东蒙阴县南。
②容光：指能够容纳光线的小缝隙。
③成章：指事物达到一定阶段或有一定规模。

诵读指导

"五岳归来不看山，黄山归来不看岳。"这是一种境界。所以，登山就要登泰山、登名山，观水就要观海水、观大川，做学问就要向大家向圣人学习。这就是拓展胸襟，升华境界的道理。立志要高远，胸襟要开阔。

尚书(节选)

皋陶曰:"宽而栗①,柔而立②,愿而恭③,乱而敬④,扰而毅⑤,直而温,简而廉⑥,刚而塞⑦,强而义⑧。彰厥有常吉哉!"

注释·链接

①栗:严肃恭谨。

②立:指有自己的主见。

③恭:庄重严肃。

④敬:认真。

⑤毅:果断。

⑥廉:方正。

⑦塞:充实。

⑧义:善。

诵读指导

在一次舜帝主持的朝会上,皋陶提出了修身齐家才能治国平天下的观点:从政者应具备九种品德,这九种品德可以说是对政治家们最高的要求,也是政治家能达到的最理想的境界。

诵读驿站

主动温习

温故而知新,以上10篇经典或选自《古文观止》,或选自诸子百家的著作。相信重新温习时你一定会有新的收获。

拓展链接

《古文观止》是迄今为止对中华五千年历史的写作名篇收录较精的一本古文书。里面200多篇短小精悍、朗朗上口的小短文从多个角度展现出中华古老文化的博大精深与中华古代人民非凡的智慧。其作者是清初山阴(今浙江绍兴)人吴乘权、吴调侯叔侄俩。所选之文上起先秦,下至明末,反映了先秦至明末散文发展的大致轮廓和主要面貌。虽为当时的蒙童和普通古文爱好者所选编,但一点也没有媚俗的气息,这些不朽的经典中,蕴含着丰富的历史知识、成熟的人生经验、艰深的文章美学,乃至博远的宇宙哲理。所选作品真是做到了蒙童读来不高,学人读来不低,很像家喻户晓的《唐诗三百首》一样,这两部选集堪称中国传统文学通俗读物的"双璧"。

诸子百家是对春秋战国时期各种学术派别的总称。诸子,是指春秋战国时期思想领域内反映各阶层利益的思想家及著作,也是先秦至汉各种政治学派的总称。百家,表明当时思想家较多,但也是一种夸张的说法。百家按照"百家姓"的"姓"以"子"为称呼为代表的思想家,主要人物有孔子、孟子等。诸子百家的许多思想给后代留下了深刻的启示。孟子的古代民主思想,墨家的科学思想,兵家的军事思想等,在今天依然闪烁光芒。

第八单元

滚滚长江东逝水，
浪花淘尽英雄。
是非成败转头空。
青山依旧在，
几度夕阳红。

咏白海棠(选自《红楼梦》)

曹雪芹

半卷湘帘①半掩门,碾冰为土玉为盆。
偷来梨蕊三分白,借得梅花一缕魂。
月窟②仙人缝缟袂,秋闺怨女拭啼痕。
娇羞默默同谁诉?倦倚西风夜已昏。

注释·链接

①湘帘:湘竹制成的门帘。
②月窟:月中仙境。

☞《红楼梦》是清代作家曹雪芹创作的章回体长篇小说,中国古典四大名著之一,举世公认的中国古典小说巅峰之作,中国封建社会的百科全书,又名《石头记》《金玉缘》《脂砚斋重评石头记》。

诵读指导

写花之前,先写看花人,再写栽花的花盆,这叫宕开一笔。我们诵读这首诗,也要把目光放得更远一点,透过白海棠,看到林黛玉,看到作者对林黛玉的同情。这首《咏白海棠》联想丰富,寓意深刻,既写景又写人,应轻轻吟诵,细细品读。

临江仙

杨 慎

滚滚长江东逝水,浪花淘尽①英雄。是非成败转头空。青山依旧在,几度夕阳红。

白发渔樵②江渚③上,惯看秋月春风。一壶浊酒④喜相逢。古今多少事,都付笑谈中。

注释·链接

①淘尽:荡涤一空。
②渔樵:渔夫和樵夫。
③渚:水中的小块陆地。
④浊酒:用糯米、黄米等酿制的酒,较混浊。

☞《三国演义》是中国古典四大名著之一,是中国第一部长篇章回体历史演义小说,全名为《三国志通俗演义》,作者是元末明初的小说家罗贯中。该诗是《三国演义》的开题之词,罗贯中借助这首词来表达自己对世事的看法,那就是历史滚滚向前,一切变化难以预料。

诵读指导

这是一首咏史词,借叙述历史兴亡抒发人生感慨,豪放中有含蓄,高亢中有深沉。从全词看,基调慷慨悲壮,意味无穷,令人读来荡气回肠,不由得在心头平添万千感慨。在让读者感受苍凉悲壮的同时,这首词又营造出一种淡泊宁静的气氛,并且折射出高远的意境和深邃的人生哲理。这首词已谱写成歌,你可以大声朗诵,还可以放声歌唱。

水浒传（《林冲棒打洪教头》节选）

施耐庵

门迎黄道，山接青龙。万枝桃绽武陵溪，千树花开金谷苑。聚贤堂上，四时有不谢奇花；百卉厅前，八节赛长春佳景。堂悬敕额金牌，家有誓书铁券。朱甍碧瓦，掩映着九级高堂；画栋雕梁，真乃是三微精舍。不是当朝勋戚第，也应前代帝王家。

注释·链接

☞《水浒传》是中国四大古典名著之一，全书描写北宋末年以宋江为首的108位好汉在梁山起义的故事。梁山好汉打着"替天行道，劫富济贫"的口号，杀遍大江南北，沉重地打击了反动统治者的嚣张气焰，张扬了人民群众的神勇斗志。

诵读指导

这段描写由远及近，细致入微。先写庄园周围环境，再写聚贤堂、百卉厅，接着写庄园的建筑，最后写林冲的感受。诵读描写类经典，语速要慢，带着慢慢走过、静静欣赏的心情，轻轻吟咏。

西游记（《禅到玉华施法会》节选）

吴承恩

水痕收，山骨瘦。红叶纷飞，黄花时候。霜晴觉夜长，月白穿窗透。家家烟火夕阳多，处处湖光寒水溜。白苹香，红蓼茂。橘绿橙黄，柳衰谷秀。荒村雁落碎芦花，野店鸡声收菽豆。

注释·链接

☞《西游记》为明代小说家吴承恩所著，取材于《大唐西域记》和民间传说。这部小说深刻描绘了社会现实，主要描写了孙悟空、猪八戒、沙僧三人保护唐僧西行取经的经过。唐僧从投胎到取经八十一次受难，九九归一，终于到达西天见到如来佛祖。

诵读指导

一提到《西游记》，大家首先想到的是孙悟空、是金箍棒、是降妖除魔。但你可知道，《西游记》的语言十分优美，景物描写生动传神。这段话写的是西天朝佛路上深秋的山野风物，天然清新，山色万物皆有神明，笔墨畅快，刻画逼真，感触真切，值得反复诵读。

聊斋志异（节选）

蒲松龄

长街长，烟花繁，你挑灯回看，
短亭短，红尘辗，我把箫再叹……
听弦断，断那三千痴缠。
坠花湮，湮没一朝风涟。
花若怜，落在谁的指尖。
灯火星星，人声杳杳，歌不尽乱世烽火。
如花美眷，似水流年，回得了过去，回不了当初。

注释·链接

☞《聊斋志异》成功地塑造了众多的艺术典型，人物形象鲜明生动，故事情节曲折离奇，结构布局严谨巧妙，文笔简练，描写细腻，堪称文言短篇小说的巅峰之作。

诵读指导

这段话心理描写细腻，感情流露真挚，适合低吟，给人韵味悠长之感。

盘古开天辟地

天地浑沌如鸡子①,盘古生其中。万八千岁,天地开辟,阳清②为天,阴浊③为地。盘古在其中,一日九变,神于天,圣于地④。天日高一丈,地日厚一丈,盘古日长一丈,如此万八千岁。天数极高,地数极深,盘古极长,后乃有三皇⑤。数起于一,立于三,成于五,盛于七,处于九,故天去地九万里。

注释·链接

①鸡子:鸡蛋。

②阳清:轻而清的阳气。

③阴浊:重而浊的阴气。

④神于天,圣于地:比天、地都要神圣。

⑤三皇:天皇、地皇、人皇。

诵读指导

盘古开天、女娲造人、大禹治水、精卫填海……这一个个流传广泛的古代神话故事,无一不展现着我国古代劳动人民对自然的认知和无穷的幻想,体现着人们对美好生活的向往和追求。吟诵先人留下的神话故事,不仅能够丰富我们的想象力,更有助于我们了解中国古典文化。

精卫填海

发鸠之山,其上多柘木。有鸟焉,其状如乌,文首①,白喙,赤足,名曰"精卫",其鸣自詨②,是炎帝之少女,名曰女娃。女娃游于东海,溺③而不返,故为精卫。常衔西山之木石,以堙④于东海。漳水出焉,东流注于河。

注释·链接

①文首:头上有花纹。文,同"纹",花纹。
②其鸣自詨(xiào):它的叫声是在呼唤自己的名字。
③溺:被水淹没。
④堙(yān):填塞。

诵读指导

精卫填海是中国远古神话中最为有名、也是最为感人的故事之一,现在以"精卫填海"比喻志士仁人所从事的艰巨卓越的事业。人们同情精卫,钦佩精卫,把它叫作"冤禽""誓鸟""志鸟""帝女雀"。诵读短文时要传达出对精卫的赞美之情。

夸父逐日

夸父与日逐走①,入日②;渴,欲得饮,饮于河、渭③;河、渭不足,北饮大泽④。未至,道渴而死⑤。弃其杖,化为邓林。

注释·链接

①逐走:赛跑。逐,竞争。走,跑。
②入日:追赶到太阳落下的地方。
③河、渭:黄河,渭水。
④大泽:大湖。传说纵横千里,在雁门山北。
⑤道渴而死:半路上因口渴而死去。

诵读指导

夸父逐日的故事有其极为深刻的寓意。它告诉我们:只有重视时间和太阳竞走的人,才能走得快;越是走得快的人,才越感到腹中空虚,这样才需要并接收更多的水(水是知识的象征);也只有获得更多的水,才能和时间竞走,才能不至于落后于时间。这段文字虽短,但叙述清楚,蕴含着深刻的哲理,诵读时要一字一顿,体现"逐日"过程的艰辛。

女娲补天

往古之时,四极①废,九州②裂,天不兼复,地不周载。火爁焱③而不灭,水浩洋④而不息。猛兽食颛民,鸷鸟⑤攫⑥老弱。

于是女娲炼五色石以补苍天,断鳌足以立四极,杀黑龙以济冀州,积芦灰以止淫水。苍天补,四极正,淫水涸,冀州平,狡虫死,颛⑦民生。

注释·链接

①极:指传说中支撑天体的四根立柱。极,边,端。废:毁坏,此指折断。

②九州:传说中古代中国划分的九个地区。《尚书·禹贡》称九州之名为冀、兖、青、徐、扬、荆、豫、梁、雍。州,水中陆地。

③爁焱(làn yàn):大火绵延燃烧的样子。

④浩洋:水广大盛多的样子。

⑤鸷鸟:凶猛的鸟。

⑥攫(jué):抓取。

⑦颛(zhuān):纯朴厚实。

诵读指导

　　女娲，女神名，据说是我国化育万物的古神，有"抟黄土作人"的故事流传。传说女娲在造人之前，于正月初一创造出鸡，初二创造狗，初三创造羊，初四创造猪，初六创造马，初七这一天用黄土和水创造了一个个小泥人。本篇讲述的是女娲补天止水、拯救人类的又一奇迹，要带着崇敬的心情静静诵读。

后羿射日

帝俊赐羿彤弓素矰①,以扶下国②,羿是始去恤下地③之百艰。

逮至尧之时,十日并出。焦禾稼,杀草木,而民无所食。

猰貐、凿齿、九婴、大风、封豨、修蛇④皆为民害。尧乃使羿诛凿齿于畴华⑤之野,杀九婴于凶水⑥之上,缴⑦大风于青邱之泽,上射九日,而下杀猰貐,断修蛇于洞庭,擒封豨于桑林。万民皆喜,置尧以为天子。

注释·链接

①彤弓素矰(zēng):红色的弓,白色的箭。矰,一种系着细丝的短箭。

②下国:人间诸国。

③下地:同"下国"。

④猰貐(yà yú):怪兽名,形状似龙首,或谓似狸,善跑,叫声似婴儿啼哭,吃人。凿齿:怪兽名,齿长三尺,其状如凿。九婴:长

着九个脑袋的水火之怪,害人。大风:即风伯,一种极凶猛的大鸟,飞过后能坏人房屋,被视为风神。封豨(xī):大野猪。修蛇:长长的大蟒蛇。

⑤畴华:传说中的南方泽名。

⑥凶水:水名,据说在北方。

⑦缴(zhuó):系在箭上的丝绳。此处用作动词,指用系着丝绳的箭来射鸟。

诵读指导

后羿,神名,以善射著称。本篇讲述的就是这位英雄手持弓箭、降妖伏魔、为民除害的故事,其中射日的情节尤其富于想象色彩,表现了上古人类对自身力量的肯定和战胜灾害的决心。诵读神话要借助丰富的想象,一边读一边想象画面。

诵读评价

评价内容

本册收录的所有作品。

评价类别

星级评价:由低到高依次为:三星级银星、四星级金星、五星级钻石星。

评价标准

星级评价:

※银星:达标(加油!)

得星指数:☆☆☆

要求:本书所选古诗词、元曲、辞赋、家训(书)、诸子百家散文、游记散文、《道德经》、《菜根谭》任意抽背,基本会背诵;碑铭序、名著精选和小古文能熟练、不出错地朗读。

※金星:良好(过关啦!)

得星指数:☆☆☆☆

要求:本书所选古诗词、元曲、辞赋、家训(书)、诸子百家散文、游记散文、《道德经》、《菜根谭》任意抽背,熟练过关,达到正确无误。碑铭序、名著精选和小古文部分内容会背诵,在诵读中能体验情感,初步领悟内容。

※钻石星:优秀(太棒啦!)

得星指数:☆☆☆☆☆

要求:本书所选古诗词、元曲、辞赋、家训(书)、诸子百家散文、游记散文、《道德经》、《菜根谭》、碑铭序、名著精选和小古文能做到有感情、正确无误地熟练背诵,并能通过诗文的声调、节奏等品味出作品的内容和情感。

※附加星:根据情况加3~5颗星。

1.语言流畅、普通话标准,吐字清晰,语速得当,抑扬顿挫,语感准确,能正确把握诵读内容内涵,声情并茂,朗诵富有韵味和表现力。

2.成果参评,既可从提供目录中选择,又可以是课外的,形式也不限,如:配乐朗诵、表演、诗配画作品、展示平日诵读本的积累等。

诵读比赛评比

有条件的班级或学校可以举办诵读比赛评比活动。比赛可采取学生自我评价、同学之间打分评价、老师和家长共同点赞等多种形式。诵读比赛获奖者分三个等级:诵读达标手、诵读小能手、诵读小明星。